KÖNIGS FURT

Über dieses Buch

Das Pendeln ist ein kreativer Vorgang. Setzen Sie Ihre Kreativität für Ihre Herzenswünsche ein. Wählen Sie danach Ihre Fragen aus und forschen Sie mit dem Pendel in der Hand nach neuen Antworten.

Von derselben Autorin

Susanne Peymann:
Der Crowley-Tarot – 78 Wege des Wissens
Knaur Taschenbuch 1997 (vergriffen)

Johannes Fiebig / Susanne Peymann:
Das große Arbeitsbuch zum Crowley-Tarot
Geschichte · Symbolik · Deutung
Königsfurt Verlag 2005

Susanne Peymann

Pendel
Liebe · Glück · Erfolg

*mit einem Beitrag
von Johannes Fiebig*

Königsfurt

Bibliografische Information Der Deutschen Bibliothek
Die Deutsche Bibliothek verzeichnet diese Publikation in der
Deutschen Nationalbibliografie; detaillierte bibliografische
Daten sind im Internet über http://dnb.ddb.de abrufbar.

Originalausgabe
Krummwisch b. Kiel 2006
Copyright © 2006 by Königsfurt Verlag
D-24796 Krummwisch
www.koenigsfurt.com

Abbildung Umschlag: Ausschnitt aus der Tarot-Karte »Der Stern«
von Margarete Petersen (www.margarete-petersen.de), © Königsfurt Verlag

Umschlag, Satz, Tafeln: Stefan Hose, D-24357 Götheby-Holm
Printed in EU

ISBN-10: 3-89875-838-9 (Buch separat)
ISBN-13: 978-389875-838-3 (Buch separat)
ISBN-10: 3-89875-834-6 (Buch & Karten im Set)
ISBN-13: 978-389875-834-5 (Buch & Karten im Set)

Inhalt

Willkommen bei Liebe, Glück und Erfolg!

Die clevere Lösung: neue Wege ausprobieren

Sie möchten mehr Liebe erleben und sich in Ihren Beziehungen wohlfühlen? Sie wünschen sich Glück und mehr Erfolgserlebnisse? Dann sind Sie hier richtig! Pendeln ist ein Weg für einfühlsame Suchende. Eine Entscheidung steht an? Sie haben jeden um Rat gefragt, alles x-mal hin- und hergewendet, quälen sich und Ihre Umgebung mit Ihren Skrupeln und Ängsten, wollen nichts versäumen und sich nichts verbauen und blockieren sich dadurch selbst? Wir empfehlen: Locker bleiben! Fällt die Wahl zwischen Alternativen so schwer, kann keine nennenswert schlechter sein als die andere ... oder die gesuchte Lösung liegt auf einer anderen Ebene, die es noch herauszufinden gilt.

Pendeln – spielerisch locker werden

Unter den vielen Orakeln bietet uns das Pendeln eine Jahrhunderte lang bewährte Methode, auf spielerische Weise im Kopf frei zu werden und aufs eigene Herz zu hören. Es verordnet keine Rezepte, die sklavisch befolgt werden müssen – manchmal werden wir sogar dem Hinweis des Pendels zuwider handeln.

»Wesentlich ist, dass es uns eine Entscheidung zunächst abnimmt und es uns damit ermöglicht, uns in den inneren Zustand *nach* dieser Entscheidung einzufühlen. Erst jetzt können wir, frei von intellektuellem Ballast, feststellen: Stimmt unser Herz ihr zu? Oft fällt es uns erst dann wie Schuppen von den Augen, und wir erkennen: Falsch – so stimmt es nicht. Die sachlichen Argumente fallen uns überraschenderweise erst anschließend ein. Am Ende steht eine manchmal unerwartete, aber meist eine befriedigende Lösung für Kopf und Gefühl« (M. Lemster).

Aberglaube – nein danke

Ignorieren Sie daher alle marktschreierischen Behauptungen über das Auffinden einer verschollenen Person, die Entdeckung eines verborgenen Schatzes (zum Beispiel einer Ölquelle) oder andere angebliche Sensationen mit Hilfe eines Pendels. Natürlich gibt es solche Phänomene. Es gibt sie wirklich – und so häufig wie einen Lottogewinn.

Viel öfter trifft man jedoch selbsternannte Wunderheiler, »Channel« und »Medien«, die sich mit solchen »Erfolgsmeldungen« wichtig und scheinbar bedeutend machen. Solche »Schein-Heiligen« sind nicht selten. Und Kritik an ihnen wird oft nur von Menschen geäußert, denen das Pendeln insgesamt suspekt ist.

Es kommt aber darauf an, die guten Leistungen des Pendelns zu würdigen. Von der Physik bis zur Psychologie, von der Esoterik bis zur Kunst ist das Pendeln ein Teil unserer Kultur und Kulturgeschichte.

Das Pendel

Sie können sich ein Pendel selber herstellen oder im Handel kaufen. »Grundsätzlich kann man mit allem pendeln, was sich an einen Faden oder eine Kette hängen und in Schwingungen versetzen lässt – sogar mit einem benutzten Teebeutel, man sollte ihn vorher jedoch gut ausdrücken« (Brigitte Gärtner).

Viele Menschen verwenden einen Ring, zu dem sie eine besondere Beziehung haben und den sie auf eine Kette fädeln. Doch Sie können auch einen kleinen Holzkegel, ein Herz aus Ton oder Keramik, eine andere Figur, zum Beispiel eine simple Schraube oder einen Schlüssel verwenden.

Im einschlägigen Handel werden nicht zuletzt Pendelanhänger aus Bergkristall angeboten. Natürlich kann man auch mit jedem anderen Stein und Edelstein pendeln. Auch ein Medaillon, ein Schmuckanhänger oder eine Taschenuhr kommen in Betracht.

Grundinformationen zum Pendeln

Sofort beginnen

- Zum Pendeln brauchen Sie keine Vorkenntnisse. Es ist wie beim Jogging: Man kann sofort beginnen, sollte aber nicht am ersten Tag schon Höchstleistungen erwarten.
- Beim Pendeln zählt einzig und allein, dass die Schwingungen des Pendels einen »Code« darstellen, der Ihnen etwas über Ihre zuvor unbewussten Wünsche oder Befürchtungen mitteilt.
- So braucht man zum Pendeln zunächst einmal Mut – den Mut, sich auf das einzulassen, was an Eingebungen und Einfällen zum Vorschein kommen wird.
- Darüber hinaus gibt es keine geheimen Geister, keine Geheimsprache beim Pendeln.
- Eine Ausbildung zum »Pendler« ist nicht nötig; Übung und Erfahrung machen auch hier den Meister.
- Übung und Erfahrung bekommt man, wenn man oft mit dem Pendel arbeitet. Machen Sie sich zunächst mit einem Pendel oder vielleicht mit mehreren Pendeln vertraut und »spielen« Sie damit.

Innere Entspannung

- Zum Pendeln brauchen wir die gleiche typische Mischung aus vertiefter Entspannung und gesteigerter Achtsamkeit (bei momentaner Absichtslosigkeit), die wir bei allen Methoden des Kontakts mit dem Unbewussten anwenden, sei es beim autogenen Training und der Meditation, bei der Erinnerung von Träumen oder eben beim Pendeln.
- Trinken Sie zuerst etwas, das Sie erfrischt und belebt. Etwas Kühlendes oder etwas Wärmendes. Reinigen Sie sich, wenn Sie sich verschwitzt oder belastet fühlen.
- Wärmen Sie Ihre Hände, wenn Ihnen danach ist. Kalte Hände können die Pendelfähigkeit erheblich reduzieren.

- Wichtig ist es dann, unverkrampft und aufrecht zu sitzen, beide Füße auf dem Boden. Halten Sie Ihr Pendel locker in der Hand. Beruhigen Sie Ihre Gedanken und achten Sie auf Ihren Atem.
- Stellen Sie sich in Gedanken vor, dass Sie einen bestimmten Raum betreten und vorhandene Sorgen oder Aufregungen gleich einem Mantel an der Garderobe abgeben. Und dort bleibt er bis auf weiteres hängen.
- Atmen Sie tief durch. Sie können sich dazu bewegen, strecken und dehnen. Schließen Sie die Augen, wenn Sie mögen. Lassen Sie den Atem durch den ganzen Körper gehen, bis in die Zehen, in die Haarspitzen und darüber hinaus.

Die Vorbereitung

Man braucht Ruhe, wenig Ablenkung, eine klare Frage, die man auf dem Herzen hat (oder die Suche nach einer klaren Frage), und zugleich die Bereitschaft, offen und neutral nach einer noch unbekannten Antwort zu forschen.

Man muss psychische Irritationen und physische Störfaktoren entweder so gut es geht ausschließen oder aber bewusst zum Gegenstand der Frage an das Pendel machen – um so verlässlicher wird das Resultat sein.

Eine erste Übung

Setzen Sie sich an einen Tisch und nehmen Sie das Pendel in Ihre Hand. Sind Sie Rechtshänder, so nehmen Sie das Pendel in die rechte Hand, sind Sie Linkshänder, nehmen Sie das Pendel in die linke Hand.

Nehmen Sie ein Blatt Papier, malen darauf ein Quadrat oder einen Kreis. Den Kreis oder das Quadrat unterteilen Sie in vier Sektoren. Und schreiben Sie spontan vier Ihrer Lieblingstätigkeiten auf, je eine in eines der Felder.

Setzen Sie das Pendel auf den Mittelpunkt des Kreises oder des Quadrats. Ziehen Sie Ihre Hand in die Höhe, so dass das Pendel gut 1 cm über dem Papier schwebt. Bleiben Sie ruhig und entspannt, und schauen Sie, was passiert und in welche Richtung das Pendel am meisten ausschlägt. Auch als »Pendel-Profi« können Sie immer wieder zu dieser kleinen Übung zurückkehren. Sie zeigt Ihnen Ihre *Zentrierung im Augenblick* und auch, was Sie jetzt im Moment (nach dem Pendeln) als liebstes tun mögen.

Selbstbefragung

- Schwingen Sie sich innerlich und auch praktisch auf die Arbeit mit dem Pendel ein. Meditieren Sie. Oder wenn Ihnen dringende Wünsche oder Verpflichtungen einfallen: Kümmern Sie sich darum, notieren oder erledigen Sie diese, bevor Sie sich zum Pendeln niederlassen.
- Überlegen Sie, ob Sie offen sind für die Informationen des Pendelns. Verzichten Sie auf Vorurteile und Vor-Erwartungen.
- Schließen Sie die Augen und atmen Sie etwa eine Minute lang ruhig ein und aus. Und dann – mit noch größerer Ruhe und Aufmerksamkeit – atmen Sie noch einmal eine Minute lang ruhig ein und aus. Der innere Kontakt ist hergestellt, wenn Sie Wärme durch Ihren Körper fließen fühlen.
- Schalten Sie Ihren Verstand auf »Leerlauf«. Lassen Sie Ihre Gedanken kommen – und wieder ziehen.
- Öffnen Sie sich. Sagen Sie sich: »Beim Pendeln ist alles möglich«. Und wiederholen Sie diesen Satz mehrmals.
- Stehen Sie dem möglichen Ergebnis neutral und offen gegenüber.
- Seien Sie dazu bereit, sich in andere Menschen, andere Welten einzufühlen!
- Seien Sie möglichst ehrlich ... und möglichst liebevoll ... zu sich selbst und zu Ihren Nächsten.

Tipps und Hinweise

Stehen Sie zu Ihren Gefühlen. Aber schirmen Sie sich ab gegenüber überholten Emotionen, unangebrachten Befürchtungen und falscher Melancholie.

Geben Sie nicht zu schnell auf. Es gibt immer Störfaktoren, doch sie verlieren letztlich an Bedeutung, wenn Sie voranschreiten.

Tragen Sie möglichst keinen Schmuck (am besten auch keine Armbanduhr), wenn Sie mit dem Pendel arbeiten. Vielleicht ist die Haltung, in der Sie arbeiten, nicht günstig, oder Sie werden von Energien in Ihrer unmittelbaren Umgebung abgelenkt, vielleicht haben Sie die Frage nicht sinnvoll gestellt usw. »Versuch macht klug!«

Räumen Sie alle überflüssigen Dinge vom Arbeitstisch; legen Sie nur die Gegenstände auf den Tisch, mit denen Sie arbeiten wollen, wie die Pendeltafel, das Objekt, das ausgependelt werden soll.

Schlagen Sie beim Sitzen nicht die Beine übereinander. Beim Pendeln ist es gut, dass wir uns erden und beide Füße auf den Boden stellen, damit die Energie fließt.

Liegt übrigens ein Gewitter in der Luft, so sind die Störungen für das Pendeln meist zu groß.

Mit welcher Hand?

Hierüber sind die Experten geteilter Meinung: Meist wird die Schreibhand, also für Rechtshänder die rechte Hand und für Linkshänder die linke Hand, empfohlen. Doch es kann auch reizvoll sein, um den Kontakt mit dem Unbewussten zu fördern, gerade die andere Hand (nicht die Schreibhand) zu benutzen.

Meistens stellt es sich einfach durch Übung in der Praxis heraus, mit welcher Hand man am besten pendeln kann. Es gibt keine zwingenden Vorschriften. Natürlich kann man auch wechseln.

Die Haltung des Pendels

Eine übliche Pendelkette ist etwa 20 Zentimeter lang. Die eine Hälfte der Kette wird für die lose Haltung in der Hand (vom kleinen Finger bis zum Zeigefinger mit Daumen) gebraucht. Etwa 10 cm sollte der freischwingende Teil der Kette oder des

Fadens sein. Für den Anfang ist es besser, das Pendel etwas kürzer zu halten. Das Pendel soll so gehalten werden, dass es sich ungehindert bewegen kann.

2-Finger-Technik, Standard

Halten Sie den Faden oder die Kette gut, jedoch entspannt, zwischen Daumen und Zeigefinger fest und lassen Sie das Pendel »locker« hängen.

Die ganze Hand soll möglichst entspannt sein. Doch Daumen und Zeigefinger bleiben zusammen, um das Pendel festzuhalten.

Ziel ist es, das Pendel möglichst frei zu halten, d. h. ohne den Arm oder die Hand auf den Tisch zu legen. Besonders am Anfang können Sie allerdings Ihren Arm leicht auf den Tisch stützen, das ist kein Problem. Achten Sie dabei darauf, das Handgelenk nicht abzuknicken.

Daumen und Unterarm bilden nun eine gerade Linie: Das fördert den Energiefluss und erleichtert das Pendeln.

2-Finger-Technik, Handfläche nach oben

Nehmen Sie ein Pendel, dessen Faden oder Kette so lang ist, dass die Länge bei Bedarf verändert werden kann.

Wickeln Sie das Ende des Fadens oder der Kette um Ihren kleinen Finger (oder halten Sie das Ende mit dem kleinen Finger fest), so dass der Rest nicht lose baumelt.

Halten Sie den Faden oder die Kette gut, jedoch entspannt, zwischen Daumen und Zeigefinger fest und lassen Sie das Pendel »locker« hängen.

Richten Sie Ihre Handfläche jetzt nach oben und lassen Sie den Faden locker in den Spalt zwischen Daumen und Zeigefinger gleiten.

Verzichten Sie darauf, Ihren Arm auf den Tisch aufzustützen, da Sie dem Pendel sonst zu wenig »Freiheit« lassen.

Drücken Sie Ihren Ellbogen leicht gegen Ihren Körper an, so dass Ihr Unterarm ruhen kann: Auf diese Weise ist Ihre Haltung entspannt und aufnahmebereit.

1-Finger-Technik, Handfläche nach oben oder nach unten
Nehmen Sie ein Pendel, dessen Faden oder Kette so lang ist, dass die Länge bei Bedarf verändert werden kann.

Machen Sie eine entspannte Faust und strecken Sie den Zeigefinger nach vorne (als ob Sie auf etwas zeigen wollten). Wickeln Sie den Faden ein- oder zweimal um Ihren Zeigefinger und lassen Sie das Pendel – die Länge des Fadens oder der Kette muss ausreichend sein – locker hängen.

Richten Sie Ihre Handfläche jetzt nach oben, so dass Sie Ihre Fingerglieder sehen können, Ihren Ellbogen drücken Sie leicht gegen Ihren Körper.

Oder: Richten Sie Ihre Handfläche nach unten (Sie sehen Ihre Fingerknöchel) und stützen Sie Ihren Ellbogen leicht auf den Tisch; Zeigefinger und Unterarm bilden eine gerade Linie, das Handgelenk darf nicht abgeknickt werden.

Die zweite Hand

Überlegen Sie, wo Sie Ihre »freie« Hand lassen (die Hand, die das Pendel nicht festhält). Lassen Sie diese Hand – die Handfläche zeigt nach oben – auf dem Tisch oder in Ihrem Schoß ruhen, damit sie die Pendelschwingung nicht beeinflusst:

Manche Pendler schwören darauf, die freie Hand auf den Rücken zu legen, um jede auch nur denkbare Beeinflussung auszuschließen. Die Haltung, in der Sie am wenigsten darüber nachdenken, was Sie mit Ihrer zweiten Hand tun, ist die beste Haltung!

Was wollen Sie mit dem Pendel tun?

Es gibt viele Anwendungsmöglichkeiten des Pendels. Die drei wichtigsten und beliebtesten sind diese:

❶ Das Pendeln mit Pendeltafeln

❷ Das »geistige Pendeln«
(Pendeln als mentale/energetische Kontaktaufnahme)

❸ Das Auspendeln von Stoffen, Verträglichkeiten usw.

Das Pendeln mit Pendeltafeln

Auf den folgenden Seiten finden Sie sowohl fertige Tafeln als auch Blanko-Tafeln. Beachten Sie die vorstehenden Hinweise und Übungen zur Vorbereitung, dann können Sie jederzeit mit den Pendeltafeln arbeiten.

Hinweis für Pendeltafeln im Kreis- oder Quadratformat: Wenn der Pendelausschlag in beide Richtungen (zum Beispiel nach links und nach rechts) *gleich* stark ist, gelten bis auf weiteres beide angezeigten Antworten. Bei Bedarf schreiben Sie die beiden gefundenen Antworten auf ein Blatt Papier und pendeln diese dann separat aus.

Sie können sich zu jedem beliebigen Thema selbst eine Pendel-Tafel machen.

Manche Bücher bieten zum Beispiel Pendel-Tafeln mit allen Bachblüten-Essenzen oder mit den chinesischen Sternzeichen. Aber vielleicht interessiert Sie persönlich etwas anderes viel mehr. Vielleicht eine Sammlung von möglichen Urlaubszielen, die Sie auf eine Pendel-Tafel eintragen möchten, oder eine Liste von ehemaligen Schulfreunden, mit denen Sie wieder Kontakt aufnehmen möchten. Kein Buch kann diese Tafeln alle vorbereiten. Aber Sie können die richtigen für sich erfinden!

Das »geistige Pendeln«
(Pendeln als mentale / energetische Kontaktaufnahme)

Zunächst gilt es zu definieren, welche Pendelbewegung für Sie »Ja«, »Nein« oder »Vielleicht / Weiß nicht« anzeigt. Sie können sich an die Standards halten oder einen individuellen Code festlegen. So oder so – hier heißt es probieren, probieren, probieren.

»Ja« und »Nein« – die Standards

Die Standards: eine Pendelbewegung LINKS – RECHTS steht für »Nein« wie Kopfschütteln; eine Pendelbewegung VOR – ZURÜCK steht für »Ja« wie Kopfnicken. Eine KREISBEWEGUNG IM UHRZEIGERSINN steht für »Ja« und eine KREISBEWEGUNG GEGEN DEN UHRZEIGERSINN signalisiert ein »Nein«. SCHRÄGE, DIAGONALE SCHWÜNGE bedeuten ein »Vielleicht / Weiß nicht«.
Üben Sie und probieren Sie dies zunächst willentlich aus. Sagen Sie Ihrem Unterbewusstsein, in welche Richtung das Pendel schwingen soll: linksherum oder rechtsherum kreisen, vor und zurück oder hin- und herschwingen. Ihre Hand sollte dabei locker und entspannt bleiben, die Bewegungen des Pendels sollten nicht sichtbar aus der Hand kommen!

Die Übung mit der Batterie

Zur Absicherung und zum Training geben wir eine schöne Übung wieder, die Brigitte Gärtner in ihrem Buch »Das Pendel kennt die Antwort« (München 1994; www.hkp.ch) beschreibt:
»Sicherlich findet sich bei Ihnen zu Hause irgendwo eine funktionstüchtige Batterie (...). Legen Sie die Batterie vor sich auf den Tisch und nehmen Sie das Pendel in die zuvor bestimmte Hand. Halten Sie Ihr Pendel über den Pluspol (+), und zwar so lange, bis es zu kreisen beginnt. Schreiben Sie sich die Richtung auf, in der es gekreist hat. Halten Sie nun das Pendel über den Minuspol (-) und notieren Sie sich ebenfalls das Resultat.
Wiederholen Sie bitte diese Übung mindestens zehnmal und notieren Sie sich dabei die Resultate.

Es handelt sich hier nicht um einen schlechten Scherz, dass Sie die Übung so oft wiederholen müssen, hier geht es um eine der zentralen Abklärungen für Ihre pendlerische Zukunft. Gleichzeitig können Sie mit dieser Übung auch Ihre spontane Pendelsensibilität fördern und sich an Ihr Pendel gewöhnen.«

Der individuelle Code

Viele Pendler verwenden diese Standards jedoch eher in Ausnahmefällen. Sie haben ihre eigene »Sprache« festgelegt, die das Pendel spricht.

Was »Ja«, »Nein« oder »Vielleicht / Weiß nicht« anzeigt, wird also hier individuell festgelegt. Auch beim individuellen Code geht es um verbindliche Kriterien, die nicht verändert werden. Die Pendelbewegungen werden lediglich nach eigener Erfahrung ausgewählt. Und so wird's gemacht:

Stellen Sie dem Pendel eine Frage, deren Antwort Sie *sicher wissen* – zum Beispiel »Ja« – und beobachten Sie, welche Bewegung das Pendel macht. Beobachten Sie, welche Bewegung am häufigsten vorkommt. Auch hier gilt, dass erst viele Versuche zu einem zuverlässigen Ergebnis führen können.

Und nach dem gleichen Muster stellen Sie auch Ihre typischen Pendelbewegungen für »Nein« oder »Vielleicht« fest.

Zeichnen Sie die persönlichen Pendelbewegungen auf einem Blatt Papier auf. Kontrollieren Sie sie von Zeit zu Zeit erneut.

Zum praktischen Vorgehen

- Formulieren Sie Ihre Frage so deutlich wie möglich.
- Vermeiden Sie kombinierte Fragen wie: »Soll ich A oder B tun?«
- Wählen Sie Ihre Frage passend zu Ihrer Situation und Ihren Zielen aus. Es macht einen Unterschied, wie Sie fragen. Zum Beispiel: »Soll ich A tun?« – »Was passiert, wenn ich A tue?« – »Was kann ich tun, damit A ein Erfolg wird?« – »Wo finde ich Unterstützung, wenn ich A tue?« – »Mit welchen Widerständen muss ich rechnen, wenn ich A tue?« – »Wie überwinde ich diese Widerstände?« – usw.

- Bei vielen Fragen empfiehlt es sich, sich zunächst auf die Frage zu konzentrieren und dann spontan dazu eine kleine Pendel-Tafel aufzuzeichnen. Konzentrieren Sie zum Beispiel auf die Frage »Wo finde ich Unterstützung, wenn ich A tue?«; dann nehmen Sie ein Blatt Papier, malen darauf ein Quadrat oder einen Kreis. Den Kreis oder das Quadrat unterteilen Sie in drei, vier oder mehr Sektoren. Schreiben Sie spontan die Möglichkeiten auf, die Ihnen einfallen – je eine in eines der Felder. Bei Bedarf kann diese Übung mit einer weiteren Frage und einer weiteren spontanen Pendel-Tafel solange fortgesetzt werden, bis eine zufriedenstellende Lösung erreicht ist.
- Wenn Sie Fragen zu anderen Menschen stellen, so zeigt das Pendel dennoch *Ihre* Einstellung zu der betreffenden Person oder der betreffenden Frage.
- Das Pendeln zeigt Ihre zuvor unbewussten Reaktionen; es ist wie ein Spiegel, in den Sie schauen. Daran ändert keine Art der Frage etwas.
- Das Pendeln ist ein kreativer Vorgang. Verschwenden Sie ihn nicht für Bagatellen. Setzen Sie Ihre Kreativität für Ihre Herzenswünsche ein. Wählen Sie danach Ihre Fragen aus.

Das Auspendeln von Stoffen, Verträglichkeiten usw.

Mit dieser Methode können Sie testen, ob zum Beispiel ein Lebensmittel gut oder schlecht für Sie ist. Dazu hält man das, was man austesten möchte, mit der einen Hand vor sich, das Pendel in der anderen Hand zwischen sich selbst und das jeweilige Objekt.

Die Antwort ergibt sich daraus, ob das Pendel nun vor- und zurückschwingt (verbindet) oder von links nach rechts schwingt (trennt).

Falls Ihnen das Pendelobjekt nicht zur Verfügung steht, können Sie sich auf ein Bild (Foto, ausführliche Beschreibung) des Objekts konzentrieren oder auf einen Gegenstand, der das Objekt ersetzt.

Das Pendeln zeigt Ihnen Ihre Einstellung, es verdeutlicht Hinweise aus dem Unbewussten. Bei vielen Fragen geht es aber nicht nur um die Einstellung, sondern auch um einen Praxistests. Welche medizinische Therapie für Sie am besten ist, welche Sportart zu Ihnen passt, welche Liebespraktiken Ihnen gut tun – dies und anderes mehr können Sie durch das Pendeln vielleicht vorsondieren oder begleiten, aber ohne Sachkunde und ohne praktische Erprobung werden Sie keine wirkliche Antwort finden.

P.S.: Kurz vor Abschluss dieses Buches traf ich eine Freundin, die gerade auspendeln wollte, welches von zwei Paar Schuhen sie kaufen solle. Ich erklärte ihr feierlich, sie solle es lassen. (»Fällt die Wahl zwischen zwei Alternativen so schwer, dann sind beide Lösungen entweder (fast) gleich gut oder gleich schlecht ... oder die gesuchte Lösung liegt auf einer anderen Ebene, die es noch herauszufinden gilt.«)

Sie solle sich entweder umgehend beide Paare kaufen oder keines. Und dann könne sie ihre Fantasie und ihre Gabe zu pendeln für etwas Produktives einsetzen, was sie dann auch tat, aber das ist eine andere Geschichte.

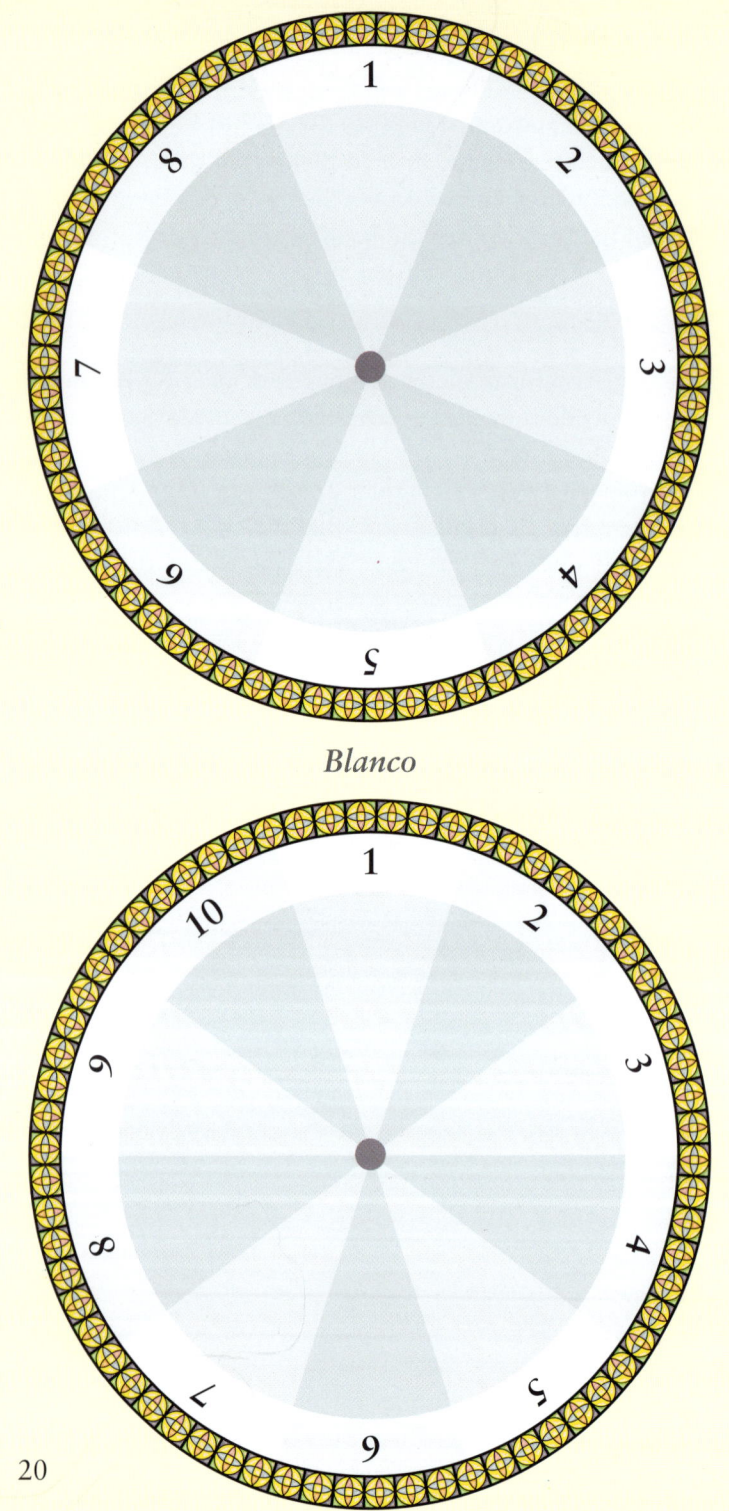

Pendel-Tafeln

Blanco

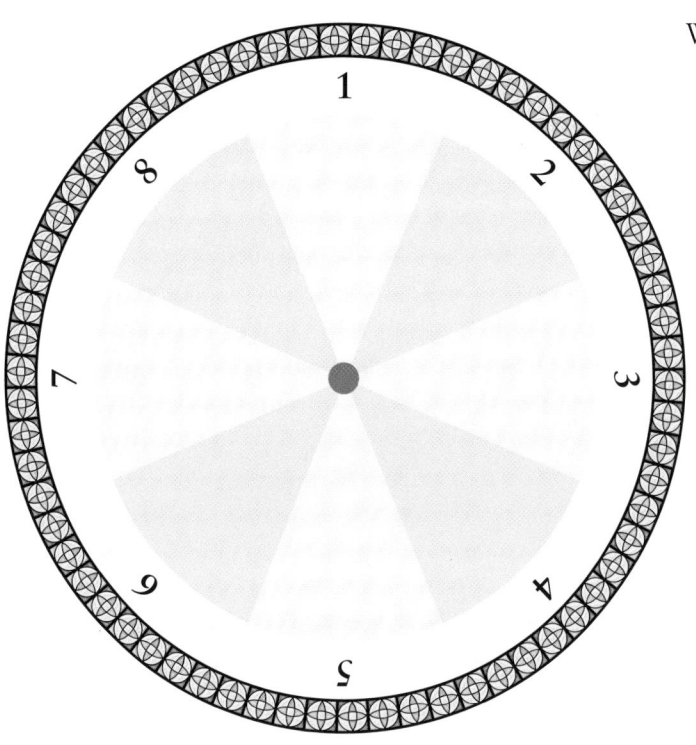

Was soll ich jetzt tun?

1 – Kochen, essen
2 – Aufräumen
3 – Sport
4 – Schlafen
5 – Arbeiten, lernen
6 – Tanzen, feiern
7 – Anrufen, besu-
chen
8 – Weiter pendeln

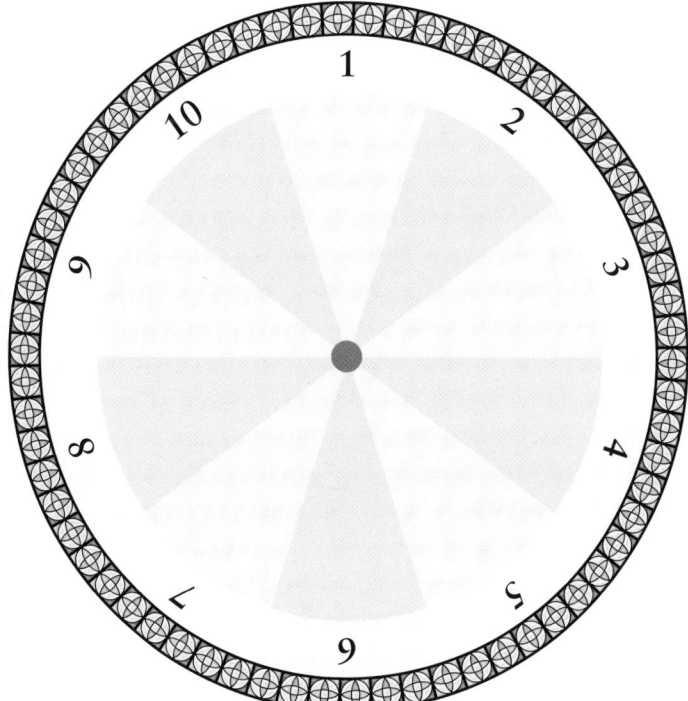

Was bewegt mich im Moment?

1 – Lust
2 – Ärger, Wut
3 – Zuneigung
4 – Enttäuschung
5 – Glück, Freude
6 – Stress, Erschöp-
fung
7 – Hoffen auf Lob
8 – Vorfreude, Opti-
mismus
9 – Neid, Ungeduld
10 – Etwas anderes

Meine Beziehung / Partnerschaft

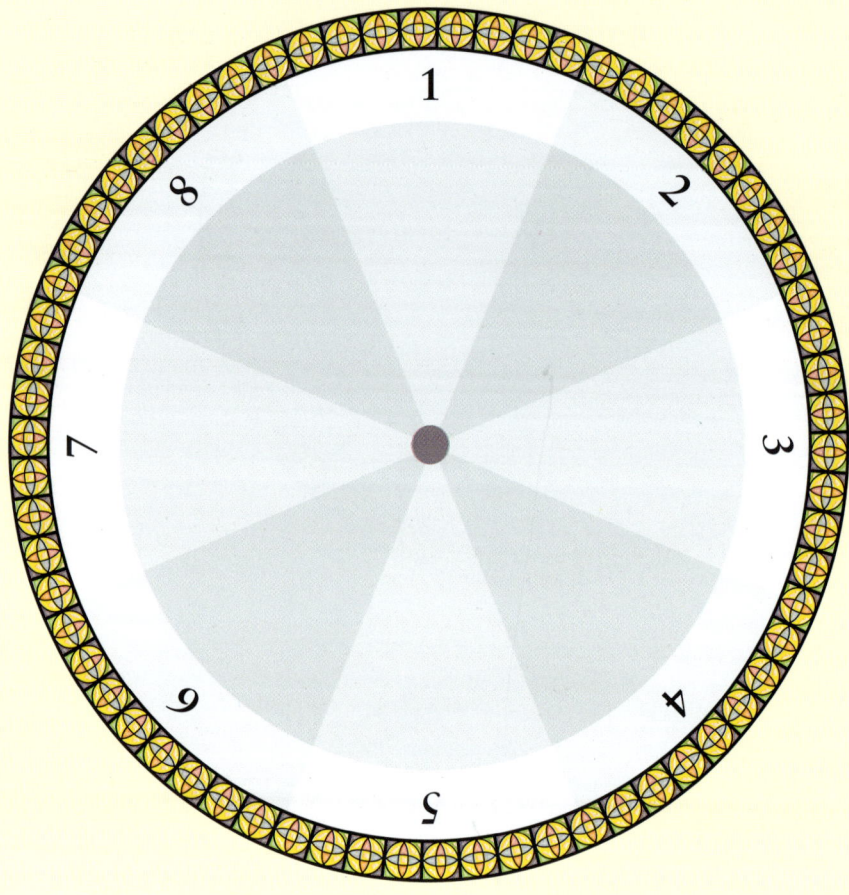

1 – Alles im Lot!
2 – Ich bin genervt
3 – Klare Grenzen tun gut
4 – Ich will es genau wissen

5 – Die Zeit arbeitet für uns
6 – Ich kann verzeihen
7 – Ich muss nicht perfekt sein / ich
muss mich jetzt nicht entschuldigen
8 – Ich liebe lieber ungewöhnlich

Meine Familie (Wohngemeinschaft usw.)

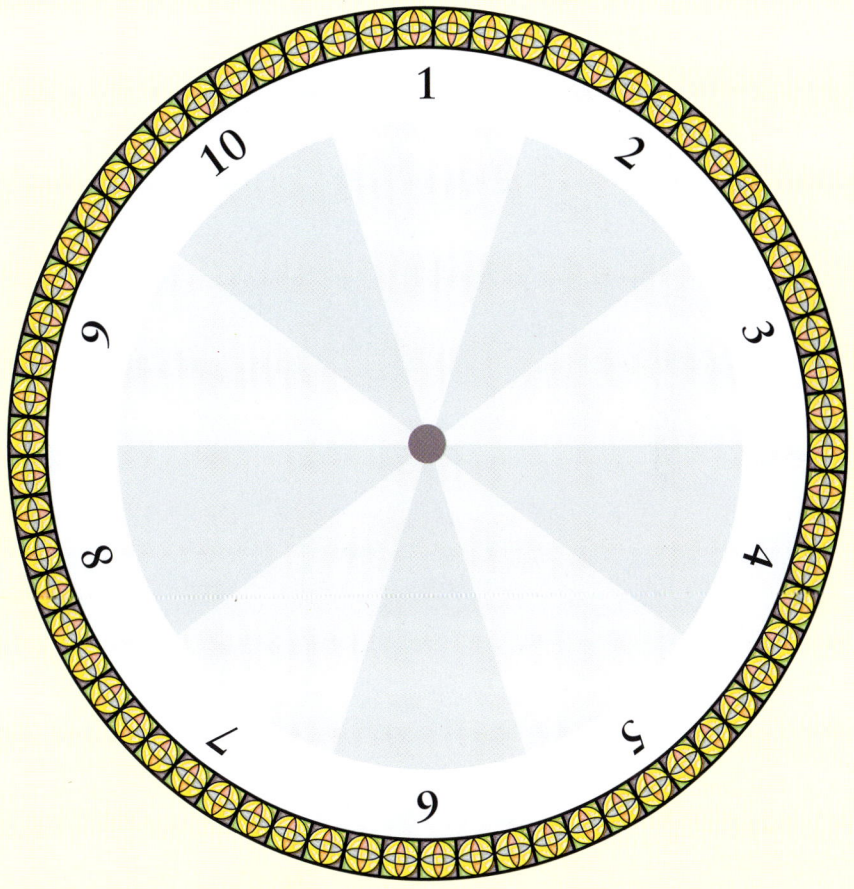

1 – Zusammen erlebt man mehr
2 – Mir reicht's!
3 – Ich muss etwas mitteilen
4 – Geteilte Freude ist doppelte Freude
5 – Geteiltes Leid ist halbes Leid

6 – Wir sind ein tolles Team
7 – Mehr Verständnis wäre nicht schlecht
8 – Ich muss nicht alles verstehen
9 – Selber essen macht satt
10 – Zeit für einen Tapetenwechsel

Meine Arbeitssituation

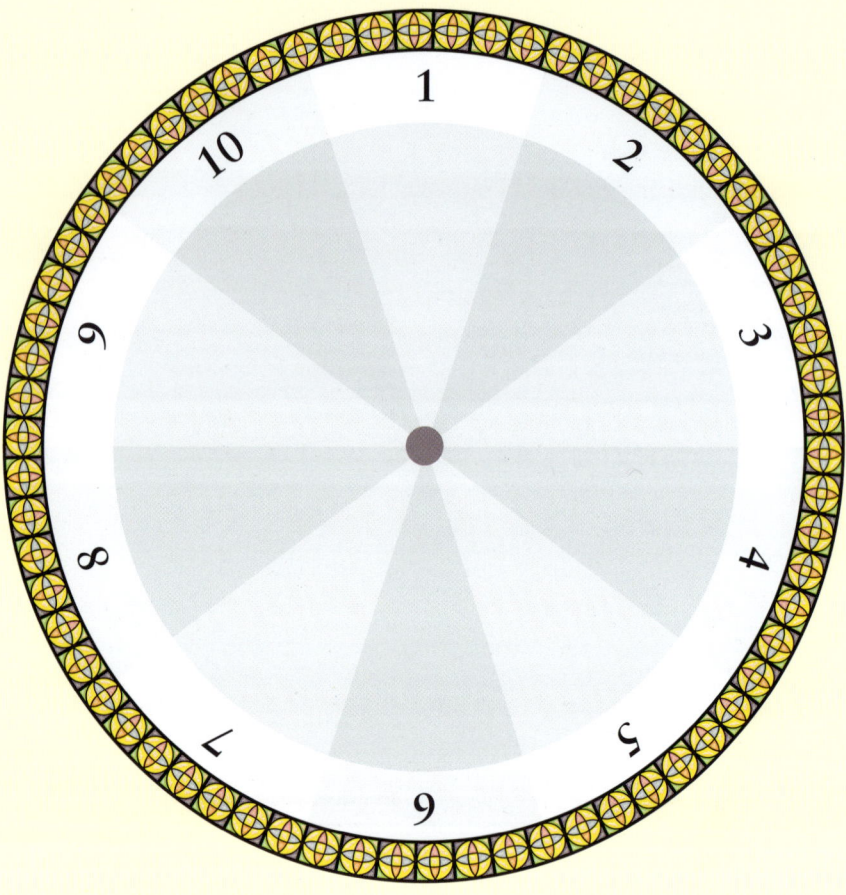

1 – Arbeit ist das halbe Leben
2 – Ich liebe meine Arbeit
3 – Alles in Ordnung
4 – Ich kämpfe für das Projekt
5 – Ich liebe meine Arbeit nicht
6 – Es geht um etwas anderes

7 – Berufung ist wie eine Leidenschaft
8 – Ich wehre mich
9 – Ich setze mich für andere ein
10 – Zeit für eine Gehaltserhöhung

Dieses Ziel ist mir jetzt wichtig

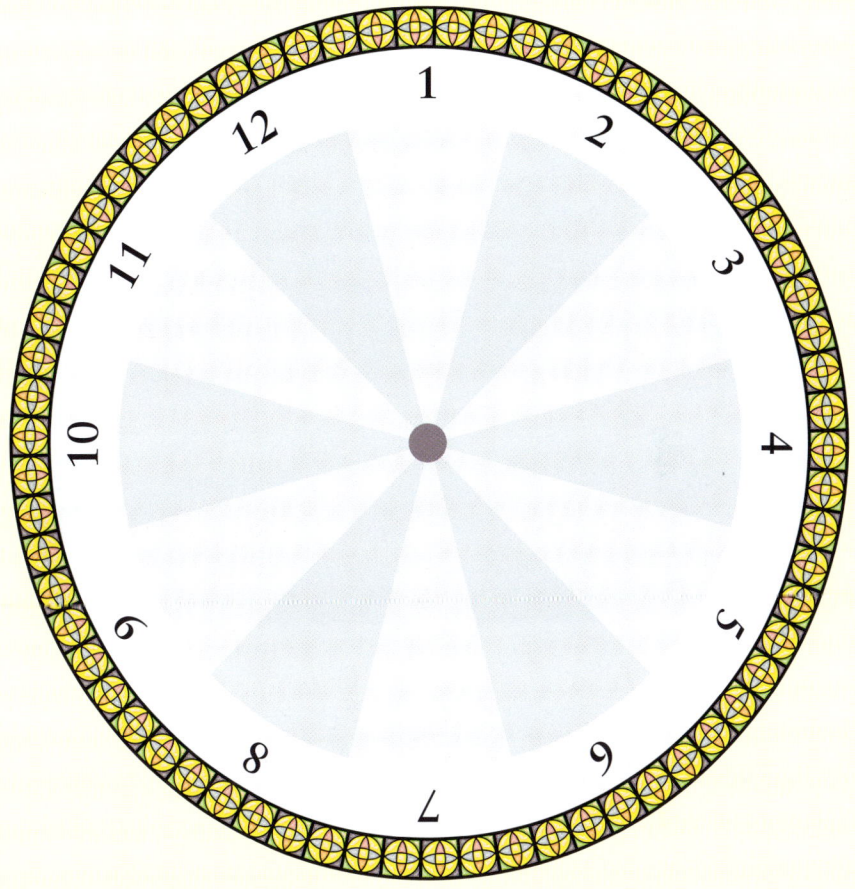

1 – Mehr Liebe
2 – Neue Freundschaft, Partnerschaft
3 – Wieder lachen
4 – Weinen können
5 – Glücklich sein
6 – Andere glücklich machen

7 – Abschied nehmen
8 – Gesund werden, bleiben
9 – Vom Schock erholen
10 – Produktiv sein, etwas schaffen
11 – Beweglich sein, Kraft haben
12 – Neue Abenteuer

Gesundheit

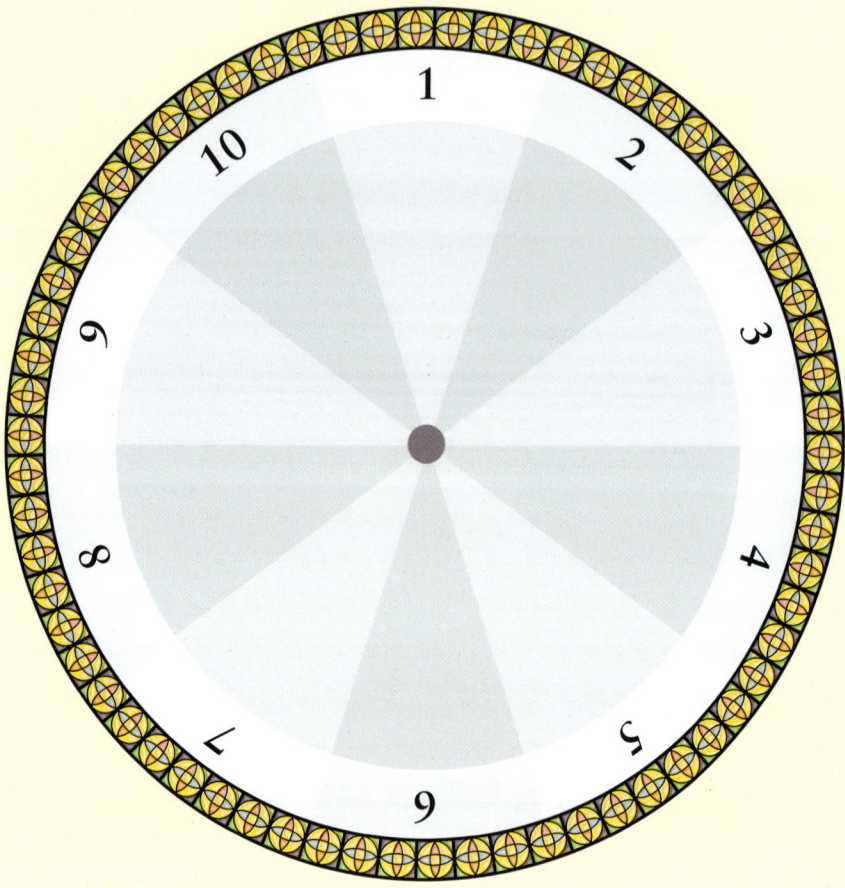

1 – Ich fühle mich gut
2 – Ich fühle mich schlecht
3 – Ein Arztbesuch ist angesagt
4 – Im Moment verdränge ich das Thema
5 – Mir fehlt etwas, aber nichts Medizinisches

6 – Es ging mir schon schlechter
7 – Ich sorge für mich
8 – Ich hole mir Rat
9 – Ich vertraue der Zukunft
10 – Ich mache erst einmal Pause

Sexualität

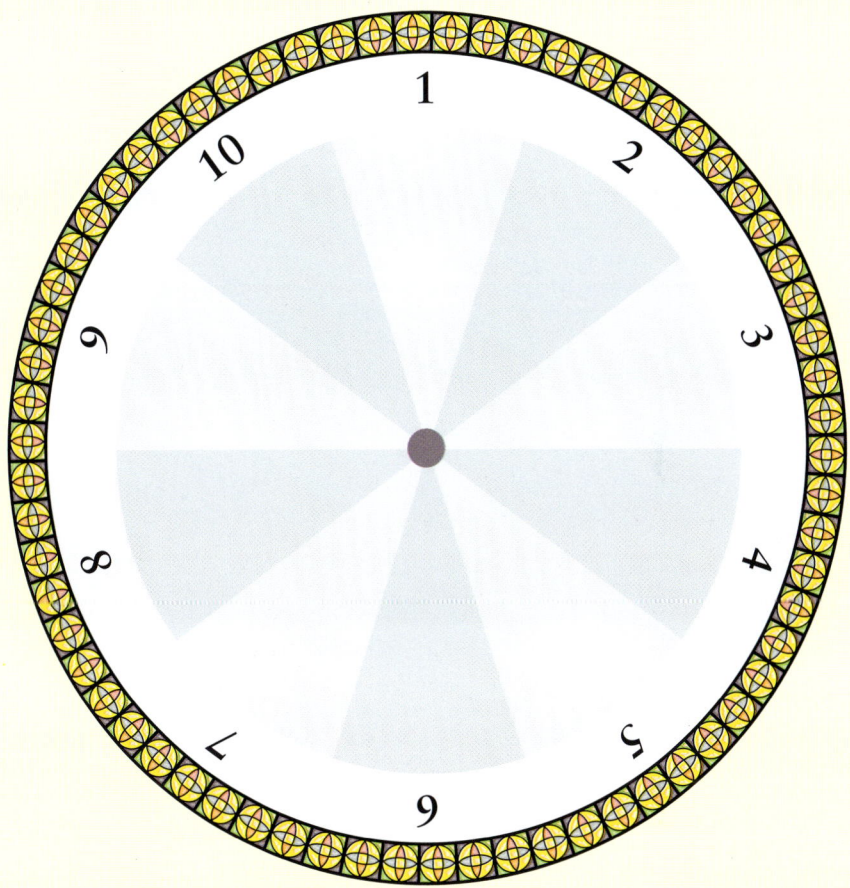

1 – Im Moment kein Thema
2 – Ich denke an nichts anderes
3 – Warum tue ich es nicht?
4 – Die Liebe verleiht Flügel
5 – Da sind Wünsche, um die ich mich jetzt kümmern werde

6 – Da sind Schuldgefühle, die ich jetzt klären werde
7 – Immer wieder geht die Sonne auf
8 – Gelegenheit macht Liebe
9 – Alles kann, nichts muss
10 – Ohne Liebe keine Lust

Mein Schlüssel zum Wohlbefinden ...

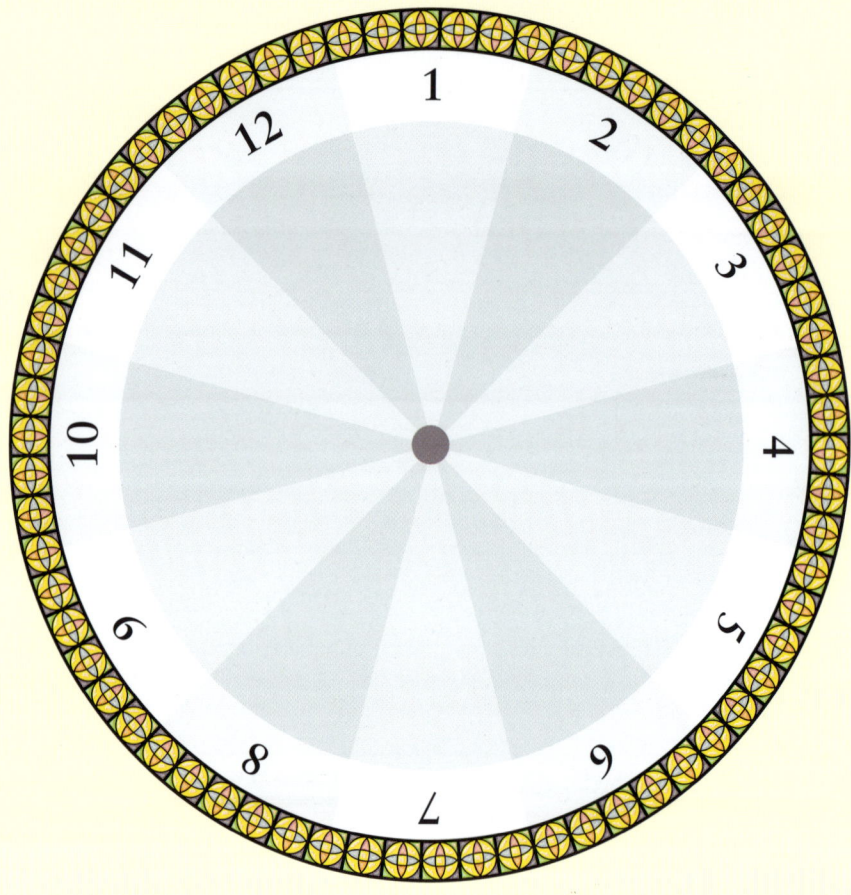

1 – Körperpflege
2 – Seelenpflege
3 – Selbstachtung
4 – Freundschaft, Anerkennung
5 – Beziehung, Liebe
6 – Arbeit, Aufgabe

7 – Erfolg
8 – Beruf, Berufung
9 – Kunst
10 – Natur
11 – Abenteuer
12 – Geld

Der nächste Urlaub

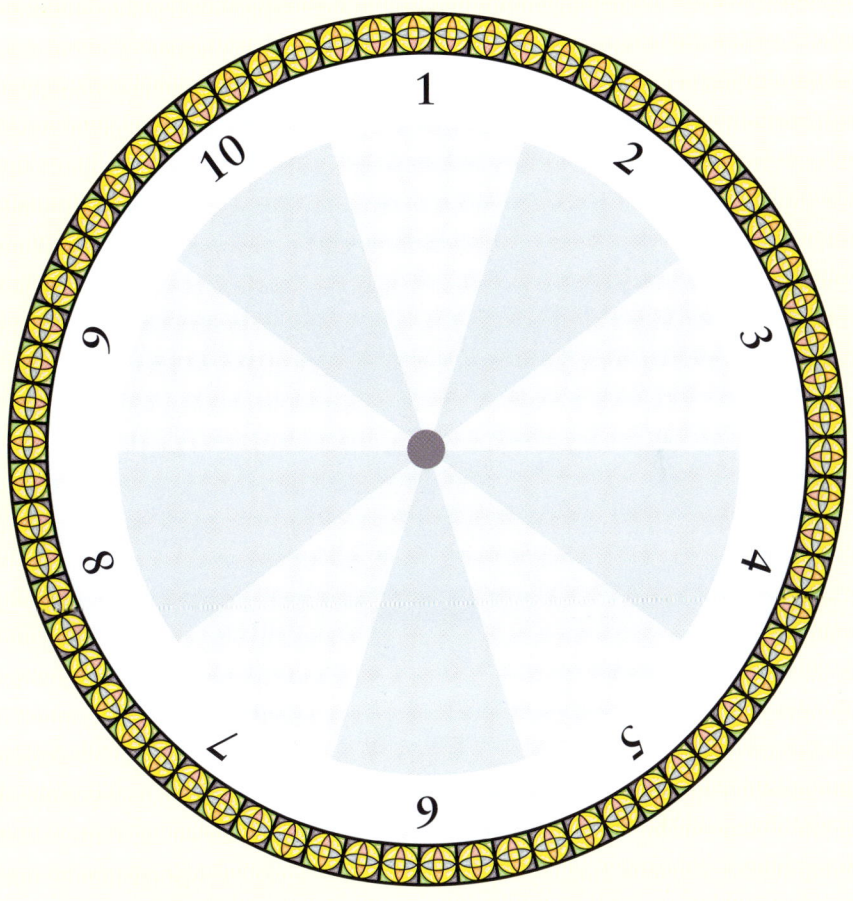

1 – Bald
2 – Später
3 – Zuhause
4 – Am Meer
5 – In den Bergen

6 – Auf dem Land
7 – In einer Weltstadt
8 – Auf eigene Faust
9 – Ein Pilgerweg
10 – Zu einem unbekannten Ziel

Zeit für eine Überraschung

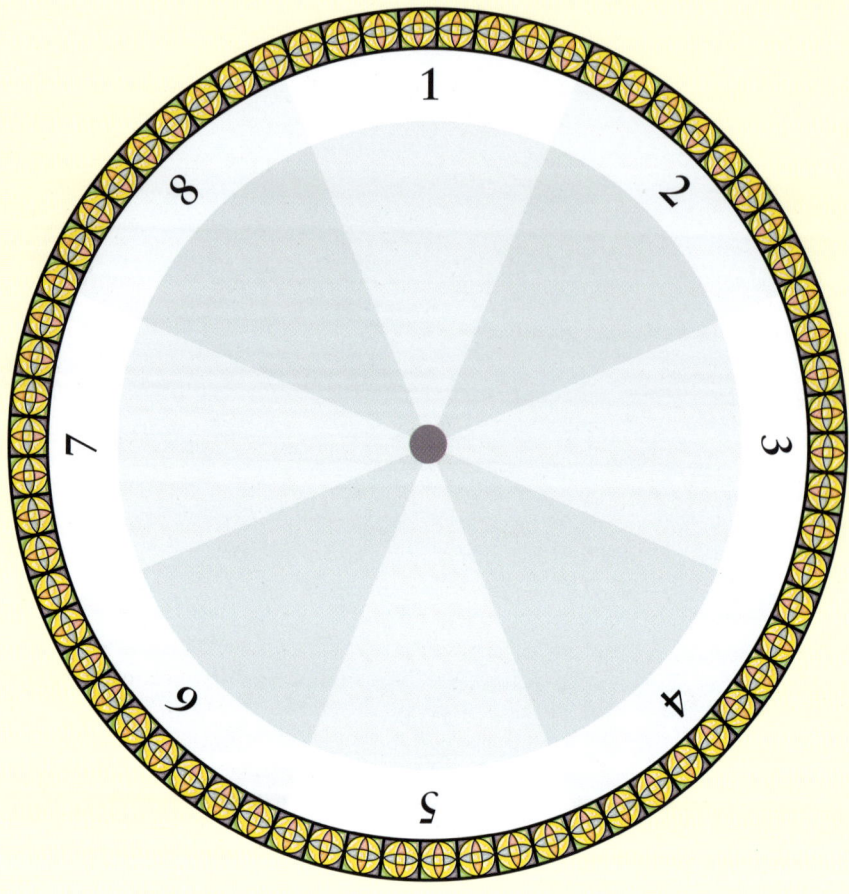

1 – Ich kaufe eine Wundertüte
2 – Unerledigtes wird jetzt ange-
packt
3 – Ich entrümpele meine Wohnung
4 – Ein Spontanurlaub ist angesagt

5 – Ich schreibe einen Liebesbrief
6 – Ein Streit wird beendet
7 – Ich trage meine Schulden ab
8 – Ich fordere, was mir zusteht

Liebeswerke

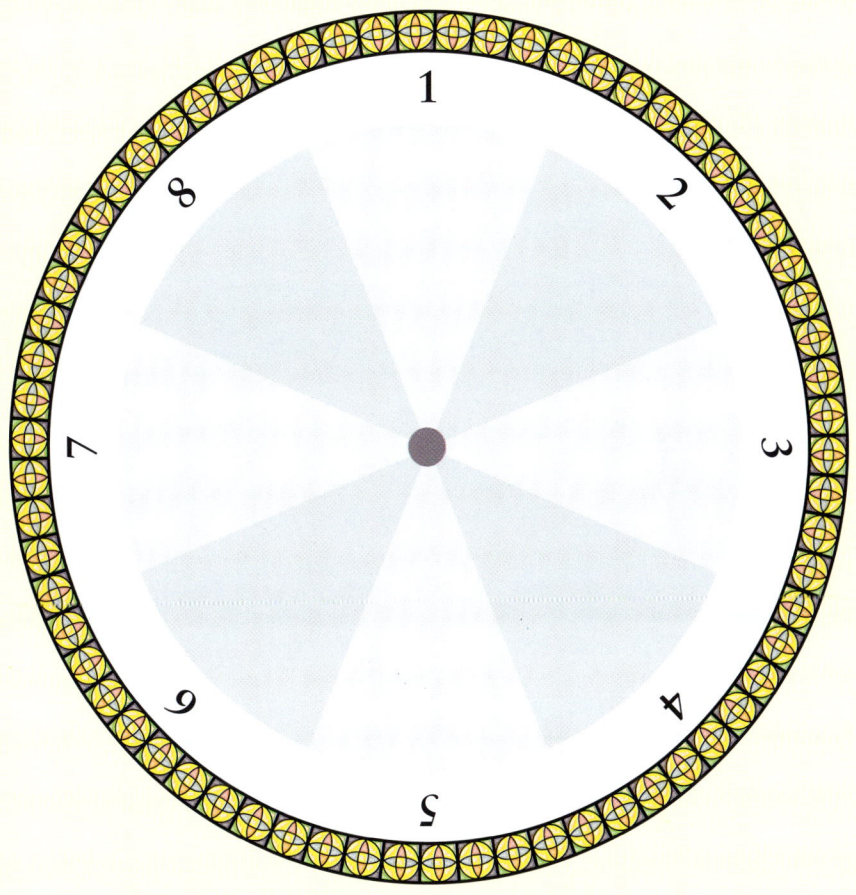

1 – Zuhören
2 – Geschenke machen
3 – Vertrauen schenken
4 – Kritik äußern

5 – Lob spenden
6 – Schweigen
7 – Helfen, nachfragen
8 – Abwarten

Selbsteinschätzung

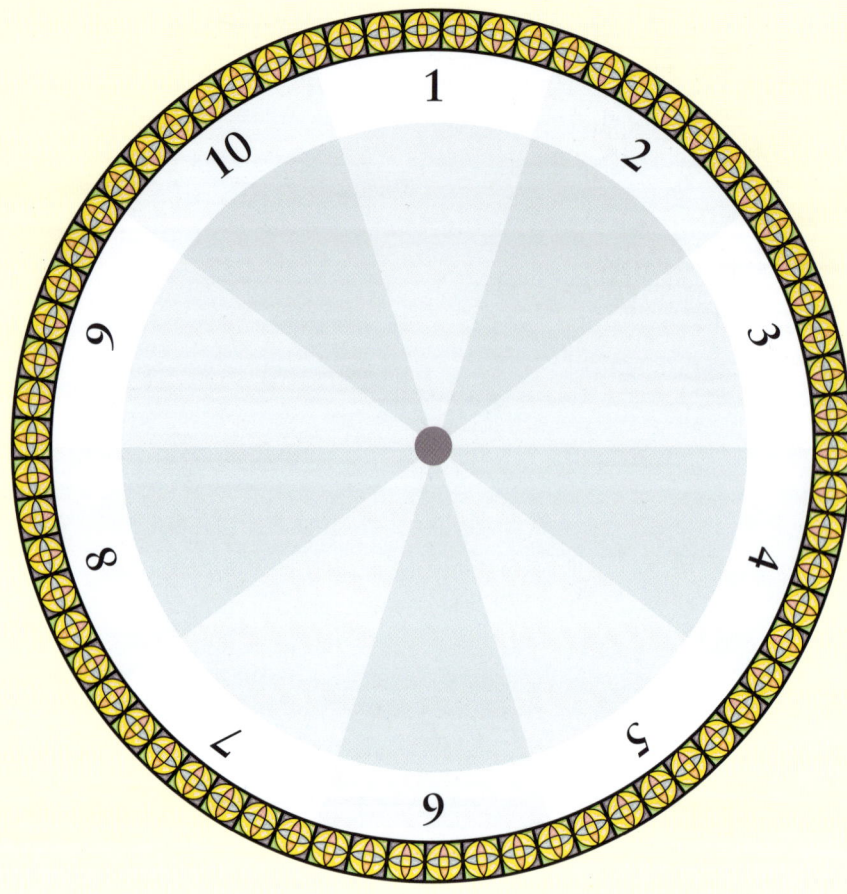

1 – Es gibt nichts Gutes, außer man tut es (selber!)

2 – Ich bin einzig – und nicht artig

3 – Eine schöne Frau, einen schönen Mann kann nichts entstellen

4 – Die einen kennen mich, die anderen können mich

5 – Ich kann auf alles verzichten – nur nicht auf Luxus

6 – Liebe dich selbst, und es ist egal, wen du heiratest

7 – Froh zu sein bedarf es wenig ...

8 – Lebenskunst ist die höchste Kunst

9 – Irgendwas geht immer

10 – Lust ist das Ziel allen Handelns

Der richtige Zeitpunkt

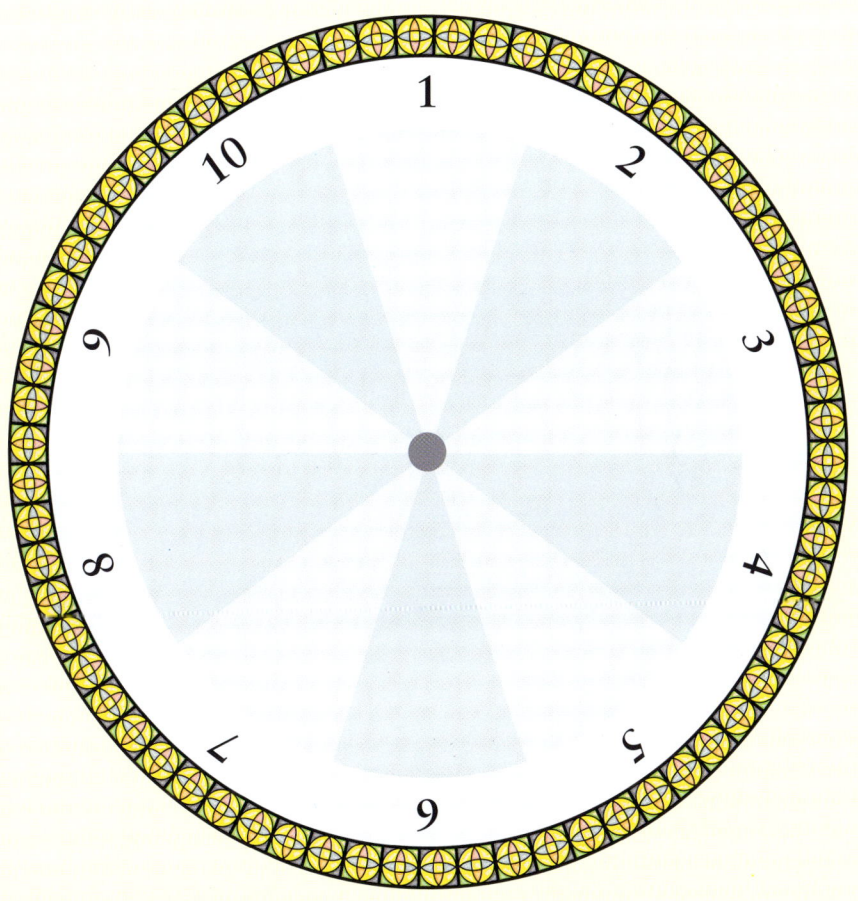

1 – Heute
2 – Immer jetzt
3 – Morgen
4 – In einer Woche
5 – In 10 Tagen

6 – In zwei Wochen
7 – In drei Wochen...
8 – In einem Monat
9 – In 100 Tagen
10 – Später nachfragen

Die Schönheit der Bewegung

Anmerkungen zu Psychologie und Praxis des Pendelns

von Johannes Fiebig

In einem meiner Tarot-Seminare habe ich einen Handelsvertreter aus Süddeutschland kennen gelernt, der ein begabter und eifriger Pendler ist. In Erinnerung geblieben ist mir dieser engagierte Esoteriker durch eine besondere Geschichte: Er mochte keine Bewegungspause ertragen.

Als Handelsvertreter fuhr er Jahr für Jahr mehr als 200.000 km mit dem Auto. Er war immer unterwegs, und noch des Nachts blieb er in Bewegung: Er hatte sein Bett auf Metallfedern setzen und an einen Elektromotor anschließen lassen, der es in ständiger feiner Schwingung hielt.

Das Projekt besaß auch einen Namen und eine esoterische Begründung, die ich vergessen habe. Doch überdeutlich zeigte mir dieser Mann, welche Bewegungslust und welche Scheu vor Ruhe in einem Menschen stecken können.

Nun, das Pendeln ist ein Vorgang, der mit dieser Unruhe arbeitet, die in uns allen – nur mehr oder weniger – vorhanden ist.

Menschen in Bewegung

»People in motion« (Menschen in Bewegung) lautet das geflügelte Wort aus einer Hymne (»San Francisco«) der 1968er Generation. Leben ist Bewegung, und diese macht das Pendeln sichtbar.

Wenn man den Ursachen der Pendelbewegung nachgehen will, muss man sich darüber im Klaren sein, dass das Pendel nicht von sich aus schwingen kann. Es ist die bewusste oder unbewusste Bewegung des Menschen, die das Pendel zum Schwingen bringt.

Wenn man das Pendel an einen Ständer hängt und abwartet, so wird nichts passieren. Weder die Eigenenergie des Pendelmaterials, noch die Energie eines Gegenstandes, der in die Nähe gebracht wird, lösen eine Bewegung aus. (Ausgenommen sind natürlich starke Magnete oder künstlich erzeugte elektromagnetische Felder.)

Es gibt verschiedene Ansätze zu erklären, warum ein Pendel schwingt:

- *Atembewegung:* Jeder Mensch atmet ca. 16 – 20 mal pro Minute. Dabei ist zumindest der Brustkorb in einer rhythmischen Bewegung. Diese überträgt sich über den Arm und die Pendelkette auf den Pendelkörper und bringt diesen in Bewegung.

- *Emotionale Erregung:* Wenn wir Freude, Angst, Trauer, Euphorie empfinden, überträgt sich dieses auf unsere Atmung, den Puls und den Blutdruck. Dadurch sollen sich auch die verschiedenen Pendelschwünge erklären lassen.

- *Unbewusste Muskelbewegung:* Selbst bei einer totalen Entspannung der Muskeln, sind diese immer noch in kaum merklichem Maße aktiv. Wenn wir meinen, dass wir unsere Hand vollkommen still halten, so führt diese minimale Bewegungen aus, die sich auf das Pendel übertragen und es in Schwung bringen können.

- *Unbewusste Beeinflussung:* Jeder Mensch besitzt in den Fingerspritzen kleine Muskelgruppen, die nicht bewusst bewegt werden können. Diese kleinen Muskeln sind die Antriebsfedern des Pendels. Da wir sie nicht willentlich beeinflussen können, entsteht die Bewegung unbewusst.

Absinken in tiefere Schichten des Bewusstseins

Diese eher nüchternen Betrachtungen ändern nichts an der Spannung und der Wirksamkeit des Pendelns, wenn man es dann praktiziert.

Bisher haben wir die Unruhe, die ständige innere oder äußere Bewegung betrachtet, die das Pendel anstößt und in Schwung hält.

Doch zum Pendeln gehört auch der Gegenpol – die Versenkung in tiefere Schichten des Bewusstseins, in die Stille.

Wenn es um Hypnose und Hypnotisierung geht, stoßen wir in Filmen, Romanen und anderswo häufig auf das Bild, dass ein Gegenstand (zum Beispiel eine Taschenuhr) wie ein Pendel vor den Augen des Menschen, der hypnotisiert werden soll, hin- und hergeschwenkt wird. Die Beobachtung der Pendelbewegung ist – ähnlich dem so genannten Schäfchen zählen – eine Methode der Beruhigung, der Absenkung des Bewusstseins, die den Übergang in den Schlaf oder einen tagträumerischen, tranceartigen Zustand erleichtert.

Das ist dann so, wie man sich ins Bett legt und dabei deutlich empfindet, dass man sich mit dem Schlaf einem anderen Raum überlässt, von dem man nicht genau weiß, was in ihm geschehen wird. Oder die Parallele zu der Situation, wenn man in einem abgedunkelten (nicht völlig dunklen) Zimmer aus dem Schlaf erwacht und sofort die Augen öffnet. Man sieht etwas, aber (er)kennt es nicht, obwohl es vielleicht das eigene Zimmer ist. Es dauert eine Zeit, die lang erscheint, obwohl es oft nur Sekundenbruchteile sind, bis man bestimmte Dinge als solche erfasst, und dann noch mal eine Weile, bis man die wahrgenommenen Dinge in bekannten Formen und Bedeutungen sieht.

Der Augen-Blick wirkt in solchen Situationen gedehnt, wie in Zeitlupe, und zugleich wirkt er verdichtet, weil in winzigen Zeitabschnitten buchstäblich ungeheuer viel durchlebt wird!

Beim Pendeln trägt nun zweierlei zu dieser Versenkung bei: erstens die Vorbereitung zum Pendeln – mit Erdung, Entspannung und »Entleerung« des Verstandes von Erwartungen und Vor-Urteilen; und zweitens der Akt des Pendelns selber, die Beobachtung des Pendels, als eine Art der Selbsthypnose (Tiefenmeditation).

Visionen und Projektionen aus dem Unbewussten

Durch die Annahme der Bewegung zur Ruhe finden, und durch die Offenheit für die Antworten aus der Stille zu neuen Entscheidungen und neuen Taten kommen – so lässt sich das Pendeln im positiven Sinne beschreiben.

Naturwissenschaftliche Untersuchungen haben dieses Geschehen beim Pendeln untersucht und ihm einen Namen gegeben: das »ideomotorische Gesetz« – die unbewusste Steuerung motorischer Vorgänge.

Der englische Naturwissenschaftler William Benjamin Carpenter (1813-1885) beschrieb 1852 diesen Zusammenhang zum ersten Mal. Der *Carpenter-Effekt* bezeichnet das Phänomen, dass das Sehen einer Bewegung – sowie in schwächerem Maße *das Denken an eine bestimmte Bewegung* – die Tendenz zur Ausführung eben dieser Bewegung auslöst.

Neuere Untersuchungen (mit dem EEG und anderen elektrophysiologischen Methoden) bestätigten diese psychologische Gesetzmäßigkeit und erweiterten sie auf Vorgänge der Suggestion, des autogenen Trainings, der Übertragung von Mimik, Gestik u.a.

Kurz, das Sehen oder die Suggestion (die geglaubte Vorstellung) einer bestimmten Bewegung löst eine Tendenz, die Neigung und Bereitschaft zur *Ausführung eben dieser Bewegung* aus. Wenn wir uns beim Pendeln eine bestimmte Frage stellen, so erkennt im Idealfall unser Bewusstsein, das es sich zu diesem Zeitpunkt auf einer mehr oder weniger abgesenkten Bewusstseinstufe befindet, eine Antwort – eine Lösung, einen Kommentar oder was auch immer – zu der gestellten Frage; und diese innere Sicht löst eine Tendenz zur Ausübung einer bestimmten Bewegung aus.

Diese Kräfte des Unbewussten kennen Sie vielleicht auch von Fantasiereisen und Visualisierungsübungen; die gleichen Kräfte beeinflussen auch die Pendelbewegung.

Noch einmal zusammengefasst: Die ständige Bewegung im Menschen sorgt generell für eine Bewegung des Pendels; und unsere unterbewussten Sichtweisen beeinflussen Form und Gestalt der Pendelbewegung und damit auch das Ergebnis des Pendelns.

Erforschung des Seelenlebens

Diese geprüften, rationalen Erklärungen des Pendelgeschehens nehmen dem Pendeln nichts von seiner Spannung und seinem Geheimnis. Zum Unbewussten eines Menschen zählt ja alles, was ist – alles, was jemals war oder sein könnte, sofern es zum betreffenden Menschen in irgendeiner Beziehung steht und sofern er dies noch nicht bewusst wahrgenommen hat. Auch für »Gott«, Schicksal, Kosmos und andere spirituelle Aspekte des Lebens bleibt hier genügend Raum. Doch die nachvollziehbaren Erklärungen helfen, das Pendelgeschehen vom Aberglauben zu befreien. Das Pendeln ist kein Wundermittel und es ist kein Teufelszeug. Es ist eine mögliche, sinnvolle Methode der Erforschung des Unbewussten im Seelenleben.

Das wird vollends deutlich durch den Vergleich mit zwei verwandten Wegen, die sich ebenfalls der Erforschung des Seelenlebens gewidmet haben – die »freie Assoziation« nach Sigmund Freud und das »automatische Schreiben« nach André Breton.

Die »freie Assoziation« nach Sigmund Freud

Worin besteht diese bahnbrechende Methode Freuds? Um es gleich zu sagen: Es ist nicht die berühmte Couch, auf die sich Freuds Patienten legten. Die hatten bereits andere vorher eingesetzt; und viele große Erfolge Freuds kamen unabhängig von der psychiatrischen Couch zustande. Das Besondere der Freudschen Behandlungstechnik bestand in der *Einführung der freien Assoziation* unter Einhaltung der so genannten psychoanalytischen Grundregel. Damit hat es folgendes auf sich:

Freud (1856 – 1939) verpflichtete seine Patienten »dazu, auf alles bewusste Nachdenken zu verzichten und sich in ruhiger Konzentration der Verfolgung ihrer spontanen [ungewollten, d. Verf.] Einfälle hinzugeben (‚die Oberfläche ihres Bewusstseins abzutasten‘)«. Diese Einfälle sollten sie dem Therapeuten mitteilen, »auch wenn sie Einwendungen dagegen verspürten, wie z. B., der Gedanke sei zu unangenehm, zu unsinnig oder zu unwichtig oder gehöre nicht hierher«.

Freud nennt diese Methode das »Verfahren der freien Assoziation« und zählt dafür drei Kriterien auf:

Erstens: die Bereitschaft »zu sagen, was immer ihm [dem Patienten] in den Sinn kam, wenn er sich jeder bewussten Zielvorstellung enthielt«, also freie Assoziation – ohne Bewertung und ohne Lenkung oder Vorerwartung.

Zweitens: die Bereitschaft, »auch wirklich alles mitzuteilen, was ihm seine Selbstwahrnehmung ergab« und die besagten kritischen Einwendungen (ein bestimmter Einfall sei zu unangenehm, zu unsinnig, zu unwichtig usw.) außer Acht zu lassen; dieses zweite Kriterium nennt Sigmund Freud die »psychoanalytische Grundregel«; diese steht also für die unvoreingenommene, möglichst lückenlose Wahrnehmung und Mitteilung aller Gedanken und Eindrücke.

Das *dritte* Kriterium ist die generelle »Aufrichtigkeit in der Mitteilung«, die für Freud zur allgemeinen Voraussetzung jeder Arzt-Patienten-Beziehung gehört.

Das war und ist *alles* – so genial, so einfach.

Die Parallele zum Pendeln besteht darin, dass Sigmund Freud als Arzt selber mit verschiedenen »Hypnose«-Methoden arbeitete, bis er sich für die Traumdeutung und die freie Assoziation auf der Couch entschied. Doch auch hier wird eine Bewegtheit als Ausgangspunkt genommen (die innere Bewegtheit, die Betroffenheit), und die freie Assoziation fördert ebenfalls ohne große Umwege die Absenkung des Tagesbewusstseins, so dass der Fluss der Gedanken und inneren Bilder sich möglichst ungehindert in Assoziationen jeder Art ausdrücken kann.

Das »automatische Schreiben« nach André Breton

André Breton (1896 – 1966) war ein französischer Dichter, Schriftsteller und der wichtigste Theoretiker des Surrealismus. Seit den frühen 1920er Jahren widmete er sich Hypnoseversuchen (die wir heute eher »Tiefenmeditationen« nennen) sowie Traumprotokollen und entwickelte das »automatische Schreiben«.

Das automatische Schreiben oder ›écriture automatique‹ stammt in seiner Urform von dem Psychologen Pierre Janet. Der Schüler Sigmund Freuds schlug dieses Schreibverfahren um 1889 als psychologische Behandlungsmethode vor: Der Patient sollte im Halbschlaf (in Trance oder unter Hypnose/Tiefenent-

Freewriting und automatisches Schreiben

Freewriting ist eine Methode des Kreativen Schreibens. Sie wurde unter diesem Namen von Ken Macrorie in den 1960er Jahren eingeführt, ist aber tatsächlich wesentlich älter. So finden sich in allen Schriftkulturen Formen des freien, d. h. nicht zielorientierten Schreibens. In vielen Religionen war das freie Schreiben eine Form, in der sich göttlicher Wille offenbaren konnte. Im Surrealismus und im Dadaismus wurde Freewriting unter dem Namen automatisches Schreiben bekannt.

So funktioniert's

Der Schreibende bereitet sich mit Entspannung, innerer Sammlung etc. vor. Dann nimmt er ein leeres Blatt und schreibt eine fest gelegte Zeitlang (zum Beispiel fünf oder zehn Minuten) zügig und ohne Unterbrechung, d. h. der Stift wird nicht abgesetzt. Jeder Einfall wird notiert. Eine relativ hohe Geschwindigkeit soll verhindern, dass eine Reflexion während der Schreibphase den Schreibfluss blockiert. Zu den Notizen gehören Satzfragmente, Bilder, sprachliche Rhythmen, Wiederholungen, Assoziationen etc. Bleiben neue Einfälle aus (was vor allem bei Anfängern früh der Fall ist), werden einfach die letzten Worte wiederholt oder der Stift wellenartig über das Papier bewegt, bis sich ein neuer Einfall einstellt.

Für den Schreibprozess selbst ist es wichtig, dass eine entspannte Atmosphäre herrscht. Dies kann durch entsprechende räumliche Gestaltung, anregende Sitz- und Schreibplätze wie auch eine passende Hintergrundmusik* erwirkt werden. Der Schreibende soll sich nun auf den »Film«, der in seinem Kopf abläuft, konzentrieren und ihn schreibend umsetzen. Dabei können in rascher Folge einzelne Wörter ohne Punkt und Komma aneinander gereiht werden, kann auf jede Sprach- und Grammatikregel verzichtet werden.

Der spontane Text wird in seiner ganzen Sprunghaftigkeit und scheinbaren Unstrukturiertheit festgehalten. Wenn der Gedankenfluss einmal stockt, soll der oder die Schreibende das letzte Wort permanent schreibend wiederholen, um den Schreibfluss nicht zu unterbrechen – setzt der »Film« wieder ein, wird das Schreiben des Textes fortgesetzt.

* Nicht im schriftlichen, aber im mündlichen Ausdruck erlebte und erlebt diese Methode übrigens in den letzten Jahren eine neue Anwendung und einen neuerlichen Boom – im HipHop und dem Sprechgesang des Rap (von »to rap« = klopfen, pochen, meckern, Gefühle zeigen; oder aber von R.a.P. = Rhythm and Poetry, zu deutsch *Rhythmus und Poesie).* Quelle: www.wikipedia.de

spannung) schreiben, um das Unbewusste ins Bewusstsein zu holen.

André Breton entdeckte das automatische Schreiben für die Literatur. Das Ziel der Surrealisten war eine neue Kunstauffassung. Das automatische Schreiben wurde dabei hochgeschätzt als ein Verfahren, welches das Denken des Schreibenden durch die Kraft des Unbewussten und der Imagination erweiterte. Beim automatischen Schreiben sollten der Verstand, die Wahrnehmung der äußeren Umgebung und das planende Überlegen vorübergehend ausgeschaltet werden. Alle Aufmerksamkeit sollte sich auf die Impulse aus dem Unbewussten konzentrieren. Man wollte alles so aufschreiben, wie es einem spontan, eben »automatisch« in den Sinn kam. Das unwillkürliche Denken mit seinen ständigen Assoziationen diktierte den Text (so genanntes Denk-Diktat). Für die Surrealisten war es entscheidend, dass die spontanen Assoziationen (Gedanken und Einfälle) möglichst authentisch, d. h. lückenlos und ungefiltert, zu Papier gebracht wurden.

Das geistige Pendeln

Sofern man beim Pendeln vor allem mit Pendel-Tafeln arbeitet, gleicht es vielen anderen Orakel-Techniken. Ob wir durch ein Pendel, einen Würfel oder ein Los zu einer bestimmten Aussage gelangen, macht keinen großen Unterschied.

Das so genannte geistige Pendeln (auch mentales, spirituelles, energetisches oder Heil-Pendeln) weist hingegen viele Gemeinsamkeiten mit den Methoden Freuds und Bretons auf, wobei der Einsatz des Pendels den Vorgang einerseits spielerischer, kunstvoller macht, andererseits mitunter auch unnötig mystifiziert oder kompliziert.

Das klassische »geistige Pendeln« erlebte seine Blütezeit im 19. Jahrhundert, das insgesamt die Hoch-Zeit für alle Arten von klassischer Esoterik, Okkultismus, Spiritismus usw. war.

Seit dem hat sich vieles geändert:
• Seit Sigmund Freuds »Traumdeutung« (1900) wissen wir, dass die Produkte des Unterbewusstseins und des Unbe-

wussten eine enorme Bedeutung besitzen. Das stellt unter anderem eine späte, wissenschaftliche Anerkennung für viele Erfahrungen dar, die zuvor als »esoterisch« belächelt wurden. Manche esoterische »Astralreisen« stellten zum Beispiel Fantasiereisen und wirksame Rituale zur Traumbeobachtung dar, entstanden in einer Zeit, bevor die wissenschaftliche Traumdeutung und die moderne Kunst erfunden wurden.

- Seit Freud wissen wir aber auch, dass die Hervorbringungen des Unbewussten *gedeutet* werden müssen. Man darf seine Träume nicht einfach für bare Münze nehmen, und das gilt auch für alle Arten von persönlichen Eingebungen, ob sie nun aus Träumen oder der Pendel-Bewegung stammen.
Wenn Träume oder das Pendel zum Beispiel auf den ersten Blick zu einem »Nein« oder einem Abschied raten, dann kann sich dahinter recht Verschiedenes verbergen: ein Abschied von einer anderen Person oder ein Abschied von eigenen Vorbehalten oder Befürchtungen; es kann ein »Nein« gemeint sein, das endgültig ist, oder ein »Nein«, das nur einen vorübergehenden Widerstand anzeigt, den es zu überwinden gilt u.v.m.
Und: Nicht alle Hervorbringungen des Unbewussten sind wichtig und bedeutend. Viele verarbeiten einfach Tageseindrücke, sind mitunter nur witzig und dann wiederum banal, klischeehaft usw.

- Durch Sigmund Freud und besonders C.G. Jung wissen wir, dass ausnahmslos alle Assoziationen, Wahrnehmungen, Einfälle etc. stets auch ein *Spiegel* für ureigene Wünsche und Ängste, für persönliche Befindlichkeiten und Bedürfnisse sein können. Wenn wir also über andere Personen pendeln, erhalten wir stets einen Spiegel *der eigenen* Einstellungen zu dieser Person – und keine »objektiven« Aussagen über diesen anderen Menschen.

- Die Surrealisten (wie Breton, Dalí und viele andere) sahen die Produkte aus dem Unbewussten als »wunderbare Artefakte« (wunderbare Kunstwerke) – eine Enträtselung oder gar Überarbeitung der spontan erzeugten Ergebnisse lehnten sie ab, sie würde diese zerstören. Für sie kam es darauf an, anders zu leben und ihr tägliches Leben zur Kunst zu machen.

Ziele des Pendelns

Bei näherer Betrachtung zeigt sich, dass hinter dem »geistigen Pendeln« das große Ziel steht, die eigenen Emotionen besser zu verstehen. Letztlich geht es darum, geeignete Wünsche zu erkennen und unnötige Ängste loszuwerden. So drücken es auch bekannte Pendel-Autorinnen aus: »Die letzte Instanz bei jeder Entscheidung muss das eigene ›Ich‹, die innere Stimme, das Bauchgefühl sein« (Brigitte Gärtner, Das Pendel kennt die Antwort).»Vertraue deinen Gefühlen – Du beginnst, mit deinem Unterbewusstsein und deinem höheren Selbst, der höheren Weisheit zu sprechen« (Iveta Sloboda, Pendeln).

Für die Klärung von persönlichen Fragen benötigen Sie auch beim Pendeln Wissen über die Deutung von Symbolen. Alle Antworten des Pendels können so zu verstehen sein, wie sie zuerst wirken; und alle können ein Symbol, ein Spiegel für etwas anderes sein. Die Beschäftigung mit der Bedeutung von Symbolen (vorzugsweise am Beispiel der Traum-, Tarot- oder Märchendeutung) ist heutzutage unerlässlich.

Man muss die Hervorbringungen des Unbewussten
– ob sie sich in Träumen, Fantasien
oder beim Pendeln äußern –
deuten und ins Bewusstsein heben.
Und/oder man lässt sie so wie sind und lebt damit als
surrealistischer (Lebens-) Künstler.
Alles andere wäre 19. Jahrhundert, Hokuspokus,
Zeitvergeudung.

Beim Auspendeln eines Umfeldes und beim Wünschelrutengehen (das allerdings mit dem Pendeln nur teilweise verwandt ist) geht es übrigens noch um eine *Steigerung der Sinne.*

Dem Autor ist es einmal so ergangen, dass er in seinem Wohnhaus – einem großen Mietshaus – Gasgeruch wahrnahm. Keiner der Nachbarn mochte diese Wahrnehmung jedoch teilen. Als dann die städtischen Gaswerke gerufen wurden, stellten diese tatsächlich ein feines Leck im Gasrohr im Keller fest. Das Beispiel zeigt, dass die Sinneswahrnehmungen sehr unterschiedlich sein können und dass es feinere und weniger feine Wahrnehmungen gibt.

Beim Wünschelrutengehen oder beim Auspendeln eines Umfeldes geht es in ähnlicher Weise nicht um etwas »Übersinnliches«, sondern gerade um die Steigerung der Sinne und Verfeinerung der Wahrnehmungen.

Selber Zusammenhänge erkennen – eine Sache der Lebenskunst

Wer selber deuten lernt, kann selber »Wahres sagen« und bleibt unabhängig von Wahrsagern.

Erfahrung größerer Lebensbezüge

Es gibt allerdings Menschen, die gute Erfahrungen mit Wahrsagern gemacht haben. Sie sind erstaunt, was jemand ihnen durch das Pendeln sagen konnte. Positive Erfahrungen mit der Wahrsagerei sind aber nur ein kleiner Hinweis darauf, dass es *größere Zusammenhänge* in der Wirklichkeit gibt, als bisher angenommen hat.

Viele Menschen machen solche Erfahrungen auch spontan, ohne jede Wahrsagerei. Da ist zum Beispiel die Geschichte einer Frau, die in Italien Urlaub macht und plötzlich vom Gefühl erfüllt ist, ihr Kind zuhause in Deutschland sei krank und brauche Hilfe. Als sie trotz zahlreicher Versuche telefonisch weder Kind noch andere Angehörige erreichen kann, bricht sie kurzentschlossen ihren Urlaub ab, fährt nach Hause und stellt fest, dass ihre Ahnung richtig war: Das Kind ist krank und braucht tatsächlich ihre Hilfe.

Viele weitere Beispiele ließen sich nennen.

Jedes Mal, wenn wir mit solch größeren Dimensionen des Lebens in Berührung kommen, bietet es sich an, den Geheimnissen von Schicksal und Zufall, von Ahnung und Intuition *selbständig, achtsam und kontinuierlich* nachzugehen. Die Beschäftigung mit dem Pendel stellt eine von vielen Möglichkeiten dazu dar.

Man macht seine eigenen Erfahrungen mit jenen berühmten »Dingen zwischen Himmel und Erde«, die jede Schulweisheit übersteigen – ohne dass man auf ein eigenes Urteil oder seine Unabhängigkeit verzichten müsste.

Negative Erfahrungen mit Wahrsagern

Viele Menschen haben aber auch sehr üble Erfahrungen mit der Wahrsagerei gemacht. Einer Frau in Luxemburg wurde von einem Wahrsager prophezeit, dass sie noch innerhalb der laufenden Woche eine schwere Katastrophe erleben würde. Die Frau war sehr schockiert und andererseits so gewitzt, dass sie noch am selben und am folgenden Tage drei weitere Wahrsager aufsuchte. Diese wussten ihr alles Mögliche zu erzählen, aber nichts von einer Katastrophe. Die Woche ging vorüber, und die einzige wirkliche Katastrophe, die die Frau in der Zeit erlebte, war der erste Wahrsager selbst und seine ungeheuerliche Prophezeiung.

Einer Frau in Duisburg, die mit ihrem kleinen Kind von ihrem Mann alleingelassen worden war, versprach eine Wahrsagerin, bis Weihnachten werde ihr Mann wieder zurücksein. Am ersten Weihnachtstag saß die Frau noch erwartungsvoll, alles vorbereitet, zuhause. Als sich dann am Nachmittag des zweiten Weihnachtstages (und auch danach) ihr Mann nicht blicken ließ, da schlugen der Glaube und die Hoffnung, die sie in die Wahrsagerin gesetzt hatte, in große Enttäuschung und Verzweiflung um. Später fing sie selber an, für sich Karten zu legen [alternativ ließe sich sagen: sie begann zu pendeln], und das half ihr, mit ihrem Schmerz fertig zu werden.

Wer für sich deuten lernt, traut der eigenen Wahrheit eher etwas zu.

»Selbst zum Pendel werden« – das Erlebnis der Schönheit

Das Wort Pendel stammt vom Lateinischen *pendere* = hängen. Im Tarot gibt es die Figur des »Gehängten« (im französischen Tarot »Le Pendu«, darin klingt das Wort Pendel noch einmal an):

»Der Gehängte« im Tarot

Auf den ersten Blick erscheint die »Hängepartie« der Kartengestalt einigermaßen verrückt. Und das Verrückte, das Ent-rückte, das Surreale und das Absurde gehören auch zum Inhalt dieser Karte. Doch es geht noch um etwas anderes:

»Der Gehängte« besitzt einen durchaus üblichen, einen klaren und eindeutigen Standpunkt; nur dass sein Bezugspunkt nicht auf der Erde, nicht irdisch definiert ist. Sein »Standpunkt« ist die himmlische, transzendente Perspektive. Er ist im Himmel zu Hause. Das lässt sich religiös auffassen. Aber auch in dem weiteren Sinne, der in dem Wort anklingt: »Des Menschen Wille ist sein *Himmelreich*«.

Hier ist auf die eine oder andere Art das »Ende der Fahnenstange« erreicht: Eine Passion, die entweder eine große Leidensgeschichte *oder* eine erhebende Leidenschaft anzeigt.

Der Gehängte glaubt an das, woran er hängt. Und er hängt an dem, woran er glaubt. Schlimm, wenn sich der Glaube als Aberglaube herausstellt. Es kommt daher darauf an, den eigenen Glauben zu prüfen – und deswegen immer wieder »auf den Kopf zu stellen«. Untersuchen Sie den Anhaltspunkt, den Sie für Ihren Glauben und Ihr Vertrauen besitzen. Deuten Sie die Gefühle, die Träume, die unbewussten Regungen bei allen Beteiligten. Wenn Sie aber Ihren Glauben geprüft haben, scheuen Sie sich nicht, sich ihm restlos anzuvertrauen: Ein sinnvoller Glaube und eine bewusste Passion sind das Höchste der Gefühle!

Wie jedes Symbol ist auch jede Tarot-Karte doppeldeutig. Natürlich warnt das Bild vom »Gehängten« auch vor Trägheit oder falschen Abhängigkeiten, davor, dass man sinngemäß den Kopf in den Sand steckt und sich oder andere einfach hängen lässt.

Im positiven Sinne zeigt »Der Gehängte« einen leidenschaftlichen Menschen, der sich dem »Höchsten der Gefühle«, seinem »Himmel«, seinen Zielen und Lebensvorstellungen so sehr anheim gibt, dass er mit seiner ganzen Existenz daran hängt. Er ist nicht gefesselt, nicht gezwungen, dort zu hängen. Eher ein Trapez-Künstler. Er blickt in eine andere, tiefere, umfassendere Wirklichkeit.

In diesem Sinne gilt es, selbst zum Pendel, zum »Gehängten« zu werden – und tiefer in die Wunder des Lebens einzutauchen.

Besonders treffend ist dieses Motiv in einer Szene des bekannten Romans »Momo« von Michael Ende gestaltet.

Dort betritt das Mädchen Momo zusammen mit Meister Hora den Ort, wo die Zeit herkommt. Es ist ein Platz in goldener Dämmerung mit einer gewaltigen runden Himmelskuppel. Aus einer Öffnung in der Mitte dieser Kuppel fällt eine Säule von Licht senkrecht auf einen kreisrunden schwarzen Teich. »Dicht über dem Wasser funkelte etwas in der Lichtsäule wie ein heller Stern«, heißt es dann (Ausgabe 1978, S. 161), »und Momo erkannte ein ungeheures Pendel, welches über dem schwarzen Spiegel hin- und zurückschwang«.

Bei jeder Schwingung dieses Pendels entsteht eine Blume von außerordentlicher Schönheit mit fast unbeschreiblichen Farben, Düften und Klängen, während gleichzeitig eine andere Blume vergeht. Jede Schwingung des Pendels ist von einer neuen kostbaren Blüte begleitet, doch keine Blume gleicht der anderen, so wie auch das Pendel nie die gleiche Stelle am Rande des Teiches zweimal berührt. Momo hat die »Stundenblumen« und das »Sternenpendel« gesehen und – die Schönheit des *Augenblicks* erfahren.

Möge uns allen das Pendeln dazu verhelfen, an dieser Erfahrung immer wieder teilzuhaben.-